Couvertures supérieure et inférieure
manquantes

BIBLIOTHÈQUE MORALE

DE

LA JEUNESSE

—

5ᵉ SÉRIE IN-12

L'AUTRUCHE.

L'AFRIQUÈ

A VOL D'OISEAU

PAR

E. CAMPAGNE

ROUEN

MÉGARD ET Cie, LIBRAIRES-ÉDITEURS

1882

L'AFRIQUE A VOL D'OISEAU.

I.

COUP D'ŒIL GÉNÉRAL.

L'Afrique est une région immense située en grande partie entre les tropiques. Baignée de tous côtés par la mer, elle tenait au continent de l'Asie par une langue de terre de vingt lieues, coupée aujourd'hui par le canal de Suez.

L'intérieur du pays est peu connu, car il

a toujours été difficile d'y pénétrer. Les sables brûlants, les déserts arides, des peuplades sauvages et inhospitalières, des chaînes de rochers qui traversent les fleuves et rendent la navigation impraticable, les influences du climat, tous les obstacles réunis, ont longtemps découragé la curiosité et même l'avidité du voyageur et du commerçant.

Ce n'est que depuis le siècle dernier qu'il s'est rencontré des hommes assez intrépides pour affronter tous ces dangers, et dérober au prix de leur vie les secrets des déserts africains.

Mais les côtes ont été fréquentées dans tous les temps, surtout la côte orientale, qui regarde l'Inde et qui est voisine de la mer Rouge, de ce golfe qui par sa situation semble fait pour rapprocher l'Afrique de l'Asie, et qui a dû toujours être le centre d'un grand commerce.

L'Afrique est presque tout entière sous la zone torride ; aussi la chaleur y est-elle dévorante, et la stérilité se trouve très-souvent auprès de la plus étonnante fertilité.

Une grande partie du continent se compose de plaines brûlantes, remplies d'un sable fin et mouvant et parsemées de loin en loin de quelques vertes oasis.

Les caravanes de marchands qui traversent ces déserts sont quelquefois englouties sous des montagnes de sable que le vent soulève comme les flots de la mer.

Une foule d'animaux féroces, lions, tigres, panthères, rhinocéros, habitent ces contrées avec les éléphants, les girafes et les gazelles, sans compter les crocodiles, les serpents monstrueux et d'innombrables insectes.

Une végétation puissante se développe sous l'influence du soleil des tropiques ; on y trouve d'immenses végétaux, tels que le bambou, le palmier et le baobab, dont le tronc atteint quelquefois trente mètres de circonférence.

L'Afrique, telle que nous la connaissons actuellement, offre une surface bien inégale.

Dans une étendue immense ce sont des sables brûlants, des terres inhabitables ; ailleurs, ce sont de hautes montagnes, inondées de pluies régulières, d'où naissent un petit nombre de fleuves, qui apportent avec eux les principes de la fécondité la plus abondante.

Si l'on se laissait prévenir par le désavantage de tant de terres inhabitables, et par la couleur noire d'une grande portion des habitants naturels de l'Afrique, on serait assez

tenté de la regarder comme une partie dis-
graciée que la nature a traitée en marâtre.

Mais si l'on rectifie des notions fausses ou
incomplètes, et si l'on se dépouille de l'as-
cendant des préjugés sur les formes et les
couleurs; on verra que l'Afrique a été aussi
bien partagée qu'elle pouvait l'être, et que
les habitants de la zone torride ont moins à
se plaindre de la nature que des hommes.

Toute la partie nord-est est fort montagneuse. Ce n'est point une chaîne, mais d'a-
bord un massif considérable qui s'élève,
s'étend et renferme les sources qui toutes
concourent à la formation du Nil.

Sujettes à éprouver des froids considérables à leurs sommets, ces montagnes sont,
dans certains temps de l'année, couvertes
de neige; et dans d'autres submergées par
les pluies régulières de la zone torride.

Ces pluies abondantes et générales sur toute cette contrée débordent en torrents, pénètrent jusque dans les profondeurs où sont les sources des fleuves, et les forcent de s'élancer hors de leurs lits, comme le Nil, qui vient féconder des terres altérées.

La côte septentrionale est dessinée par une longue chaîne de montagnes, dont le plateau est à l'ouest. Les anciens l'ont désigné par le nom d'Atlas, en grec *souteneur*, parce qu'il leur paraissait former de ce côté un des soutiens du ciel.

Ce n'est pas s'abandonner à des conjectures trop hardies que de soupçonner qu'il fut un temps où ce plateau portait fort loin à l'ouest des rameaux, dont on retrouve encore des traces dans les groupes d'îles qui, du cap Bojador, s'étendent, en remontant par le nord-ouest, jusqu'au delà des Açores.

C'est dans ce vaste emplacement qu'exista, sans doute, ce pays disparu qu'on appelait *Atlantide*. Rien n'est aussi conforme aux lois de la nature que l'existence d'une grande île là où nous voyons encore des montagnes, et que la destruction de cette même terre où tout manifeste d'anciens ravages du feu et l'existence actuelle de volcans encore en activité.

Au sud de cette longue zone montagneuse qui occupe la partie septentrionale de l'Afrique, est une mer de sable que les Arabes appellent Sahara, c'est-à-dire grand désert.

C'est là que la nature a partout imprimé le cachet de la réprobation. Ce n'est que par des intervalles très-séparés que la nature y a placé l'eau et la végétation qui en est la suite,

A partir du Sénégal et du Niger, jusqu'à la mer Rouge, sur une bande très-large, les habitants naturels à l'Afrique sont noirs, avec de différentes nuances très-sensibles dans la couleur, les formes et les inclinations.

Les anciens, qui n'ont pas connu les navigations de la zone torride, ont dû ignorer l'existence des *vents réguliers* que l'on y éprouve chaque jour, allant de l'orient vers l'occident. Si Christophe Colomb les eût connus, il est probable qu'il fût arrivé plus promptement en Amérique.

Actuellement, aucun marin n'ignore que pour aller aux Antilles, il faut descendre le long de l'ancien continent, reconnaître les Canaries, et s'avancer même jusqu'au delà du tropique. C'est alors qu'en s'abandonnant aux vents alizés, on se dirige à l'ouest.

Le vent alizé, qui se fait sentir réguliérement jusqu'à trente degrés de chaque côté de l'équateur, est causé par l'action du soleil sur l'atmosphère de cette partie du globe. Sa chaleur cause, sur tous les points où ses rayons tombent perpendiculairement, une dilatation telle, que l'air s'y élève à une très-grande hauteur, tandis que d'autres parties fluides, mais plus condensées et plus froides, viennent de chacun des pôles remplacer les parties trop élevées. Mais cette partie de l'atmosphère, élevée si haut en se dilatant, retombe bientôt, privée de la chaleur qu'elle avait reçue du soleil. Elle roule, pour ainsi dire, vers les pôles, pour y remplacer l'air que la même cause avait porté vers la zone torride. La même cause agissant pendant 24 heures, et les mêmes effets en résultant nécessairement, il s'ensuit que pendant toute l'année les vents alizés, depuis six heures du matin jusqu'à six heures du soir, auront leur direction de l'est à l'ouest, puisque, par le mouvement de rotation, la terre présentera successivement au soleil tous les points de l'équateur, en allant de l'ouest à l'est.

Si, sur les côtes occidentales de l'Afrique, on éprouve souvent des brises qui portent sur les terres, c'est que la chaleur y est telle, que l'air s'y raréfie encore, et que sur la mer il a repris, pendant l'absence du soleil, un peu de cette fraîcheur qui le condense. Alors il se porte vers la côte par sa pesanteur pour faire équilibre avec celui qui s'était dilaté sur les sables brûlants de l'intérieur.

Un assez grand nombre de causes secondaires donnent d'ailleurs lieu à des variations particulières. Les vents d'Égypte, appelés éthésiens par les Grecs, ceux qui ravagent quelquefois les environs du cap de Bonne-

Espérance, ne peuvent être expliqués qu'autant que l'on connaît la longue vallée du Nil,
ou la situation des montagnes méridionales
de l'Afrique.

Quoique l'Asie paraisse devoir occuper la
place la plus ancienne dans l'histoire, il n'en
est pas moins vrai qu'aucun historien ne nous
parle de l'Asie avant de parler de l'Egypte,
qui appartient à l'Afrique. Nous ne trouvons
pour les autres parties qu'un silence uni-
versel.

Nous n'avons nulle part ailleurs, en
Afrique, aucun monument qui appartienne
à l'histoire de ces temps reculés. Tyr, qui
devint si riche par son commerce, et qui
fonda des colonies le long des côtes, n'a écrit
aucune histoire.

Ainsi, quoique l'Ethiopie, la Libye, et
toute la partie septentrionale de l'Afrique,

fussent habitées depuis longtemps, et même très-peuplées de nations civilisées, puisque le commerce y avait formé des établissements, nous n'avons pas d'époque regardée comme certaine avant la fondation de Carthage par Didon, en 883 avant J.-C.

L'Egypte, conquise successivement par les Perses, par Alexandre, et soumise aux Lagides, ses successeurs, passa, comme Carthage, la Nubie et la Mauritanie, au pouvoir des Romains. Ces puissants dominateurs possédèrent l'Afrique jusqu'à ce qu'elle leur fut enlevée par les Arabes, qui dès l'an 714 gagnèrent en Espagne la bataille de Xérès, après avoir conquis en Afrique tout ce qu'y avaient possédé les Romains.

En 1551, Tripoli avait été conquise par les Ottomans, qui s'emparèrent aussi de Tunis en 1571 ; mais vers 1590, ces mêmes

Etats reprirent leur indépendance, ou plutôt furent assujettis à des Turcs devenus indépendants, sous la protection de la cour ottomane.

Tandis que les Arabes jouaient un si grand rôle sur les débris de l'empire romain, les peuples de l'Europe étaient autant de générations nouvelles venues du Nord. Les croisades et les conquêtes en Italie avaient donné le goût et l'habitude des voyages par mer. Enfin, la découverte de la boussole faisant tourner au profit du génie les bienfaits dus au hasard, on osa s'éloigner des côtes et s'élancer dans l'Océan. Les Normands, qui depuis plusieurs siècles naviguaient dans les mers du Nord, en se hasardant vers le Sud, découvrirent à la fin du xiv* siècle les îles que Ptolémée nommait *îles Fortunées*, et que nous appelons Canaries.

A peu près dans le même temps, les Portugais, qui avaient eu longtemps à se défendre dans leur pays de la domination des Maures, résolurent de les attaquer chez eux. Le roi Jean équipa une petite flotte, qui s'avança jusqu'au cap Bayador en 1433. Bientôt ils s'avancèrent plus loin. Le cap Blanc, les embouchures du Sénégal et de la Gambie, puis le cap Vert, furent connus, ainsi que les îles de ce nom.

Mais, lorsque le prince Henri mourut en 1463, on n'avait encore découvert qu'à peu près 500 lieues de la côte d'Afrique. Le roi Jean II, comme son prédécesseur, se livra au goût des découvertes. On eut connaissance du Congo en 1484.

C'est alors qu'apercevant le ciel étoilé d'un autre hémisphère, on espéra pouvoir, en continuant de suivre la côte, arriver aux

Indes par cette route; mais les dangers paraissant s'augmenter avec la longueur de la course et le temps qu'elle exigeait, le commandement d'une nouvelle expédition fut confié, en 1486, à Barthélemi Diaz, capitaine expérimenté.

Après une navigation de 300 lieues, il fut convaincu qu'il existait au sud de l'Afrique un promontoire, où des tempêtes avaient maltraité sa flotte; il en consacra le souvenir en le nommant cap des Tempêtes. Ce nom, suggéré par le moment présent, fut changé en un autre inspiré par le sentiment flatteur d'un plus heureux avenir. Le roi Jean nomma le point nouvellement découvert cap de Bonne-Espérance.

Vers la même époque, Christophe Colomb découvrait l'Amérique (1492). Vasco de Gama, cinq ans après, doublait enfin le cap de Bonne-Espérance et visitait les côtes orientales de l'Afrique, ouvrant ainsi une nouvelle route pour les Indes.

Ainsi, l'Afrique se montrait insensiblement tout entière aux navigateurs européens; mais ce n'est que dans le dernier siècle qu'on osa pénétrer dans l'intérieur de ce vaste continent. Le zèle que mettent aujourd'hui les Anglais et les Français à la continuation de ces découvertes leur mérite l'estime des nations éclairées.

Suivons à vol d'oiseau ces hardis explorateurs, et nous reviendrons sans danger chargés de riches dépouilles.

II.

LA BARBARIE.

C'est la partie septentrionale de l'Afrique, comprenant ce que les anciens appelaient la Mauritanie, la Numidie et les Etats carthaginois, et que nous nommons aujourd'hui Algérie, Maroc, Tripoli et Tunis.

La chaîne de l'Atlas partage la Barbarie en deux contrées. Celle du nord est fertile et jouit d'un climat agréable, à cause des brises de la mer; elle produit en abondance des céréales et des fruits excellents. Celle du sud n'offre que des plaines brûlantes, imprégnées de sel, souvent ravagées par des nuées de sauterelles. Les montagnes et les déserts sont peuplés d'animaux féroces et de serpents très-dangereux. Jules Gérard semble avoir goûté un âpre plaisir à traquer pendant onze années les lions qui dévastaient plusieurs cercles de notre colonie d'Algérie.

L'Algérie, dont le territoire est d'une fertilité extrême, offre une température élevée, mais rafraîchie par les vents; l'hiver y est fort doux et ne se fait guère sentir que par des pluies abondantes, qui durent jusqu'en avril.

Alger est bâti en amphithéâtre sur le penchant d'une colline, au bord de la mer.

Il est entouré d'un large fossé et d'une muraille garnie de canons. Quand on parcourt un quartier de cette ville où les Français n'ont point porté le marteau, on croit errer dans les détours étroits d'un labyrinthe ; c'est à peine si on peut passer deux de front dans les rues ; et dans beaucoup d'endroits, les toits opposés se joignent et forment une arcade. Mais la ville s'est beaucoup embellie et assainie depuis qu'elle appartient aux Français ; on y a ouvert plusieurs rues et de belles places, qui offrent un spectacle vraiment curieux par la diversité des costumes et des figures. Au milieu de ces Maures aux larges turbans, de ces Juifs à l'air rusé, de ces Kabyles à l'air farouche, l'Européen n'y gâte pas l'harmonie du tableau.

Maroc, dans une petite plaine couverte de palmiers, offre de loin un très-bel aspect ;

mais, au dedans, les rues sont étroites, sales et hideuses.

Le territoire de Tripoli offre des montagnes peu élevées, de faibles cours d'eau et beaucoup de plaines arides, tandis que celui de Tunis est d'une extrême fertilité. En revanche, la ville de Tunis, qui est tout près de l'ancienne Carthage, est laide et insalubre, tandis que Tripoli est la plus belle ville de Syrie et est entourée de très-beaux sites, surtout du côté de la mer.

L'Etat de Tripoli s'étend depuis la grande Syrte à l'ouest jusqu'à la petite Syrte à l'est, selon les dénominations anciennes qui répondent aux golfes de la Sydre et de Gabès. A l'est se trouve la Cyrénaïque, dont les villes maritimes firent autrefois un grand commerce et qui furent ruinées par les Arabes.

L'Etat de Tunis comprend l'Afrique propre des anciens, qui formait le territoire de Carthage. La ville est avantageusement située au bord d'un lao, où l'on n'arrive que par un canal appelé Goulette. C'est le plus civilisé des Etats de la Barbarie, quoique les Kroumirs ne nous aient pas donné une haute idée du gouvernement tunisien.

L'empire du Maroc occupe la partie nord-ouest de l'Afrique, où se trouve la plus grande masse du mont Atlas, qui laisse entre lui et la mer, au nord, une vaste étendue de plaines. L'élévation de ces montagnes est si grande, surtout du côté de la ville de Maroc, que, malgré la situation au midi d'un pays très-chaud, leur sommet est couvert de neige toute l'année. Pendant l'hiver, les lions, les loups, les sangliers, les aigles, d'une grosseur étonnante, descendent dans les vallées et y portent la désolation. Mais, à côté de cette neige perpétuelle, on voit dans la plaine des jardins couverts d'arbres fruitiers, embellis de la plus riche verdure, même au mois de décembre. Là, les Berbers (d'où le nom de *Barbarie*) habitent sous des tentes à la manière des Arabes: ce sont les descendants des Mauritaniens et des Numides.

Ce peuple ne connaît pas d'autre amusement que la chasse, et l'habitude de cet exercice en fait d'excellents tireurs. Ils nourrissent des bestiaux, dont ils vendent les peaux, devenues pour eux l'objet d'un commerce considérable. Mais il y a des Berbers qui vivent comme des sauvages; et ceux-là ne veulent habiter que les cavernes dans les montagnes. Ils paient l'impôt quand il leur plaît, et cette race inquiète quelquefois le gouvernement.

Là aussi habitent des Maures, graves et
mélancoliques, chauds en protestations d'a-
mitié, mais fort inconstants dans leurs affec-
tions. La marque la plus sûre de leur con-
tentement, c'est lorsqu'assis sur leurs talons,
ils s'amusent à se caresser la barbe. On
trouve encore dans le Maroc des nègres et
des mulâtres ; mais les vrais Africains se
trouvent dans le Sahara et la Nigritie, que
nous allons parcourir.

III.

LE SAHARA ET LA NIGRITIE.

Le Sahara n'est qu'un immense désert de sable, coupé de collines, de vallons et d'oasis, où l'on trouve quelques hordes féroces, tels que les Tibbous, qui vivent dans des grottes, et les Touaregs, tous musulmans et fameux pillards.

On ne traverse le Sahara qu'en caravanes. De hardis Européens s'y sont aventurés et nous ont donné quelques connaissances de ces pays. L'eau y est très-rare; des vents brûlants y soufflent et soulèvent des nuées de sable. Le sel y abonde, mais la végétation est pauvre, sauf dans les oasis.

Dans le Soudan ou Nigritie, le climat est généralement brûlant, même à l'ombre; sur quelques points pourtant, on a des hivers très-rudes, et la saison pluvieuse commence en juin pour durer très-longtemps.

Ces pays furent inconnus aux anciens, qui niaient la possibilité d'habiter sous la zone torride et qui plaçaient là une mer.

C'est là qu'on trouve le boa, le plus monstrueux des serpents, et l'autruche, le plus grand des oiseaux.

Les habitants de la Nigritie ou Soudan sont noirs et forment la race éthiopienne ou nègre. On distingue dans la race nègre plusieurs grandes familles, dont les principales sont, dans l'Afrique centrale : les Ghiolofs, qui sont les plus beaux et les plus noirs des nègres ; les Achantis, braves, mais féroces, qui construisent leurs huttes avec beaucoup d'art ; les Mandingues, qui sont assez policés, mais voleurs. Ces derniers pratiquent quelques opérations chirurgicales, travaillent le fer, préparent le cuir, tissent des étoffes à leur usage, entendent bien le commerce et ont une langue agréable, dont on fait un grand usage dans cette partie de l'Afrique.

Tombouctou, la ville la plus importante de la Nigritie centrale, est le plus grand entrepôt commercial de l'intérieur de l'Afrique; tout le sel des mines de Toudeyni y est porté, et il y vient des caravanes de tous les points de l'Afrique septentrionale. Cette ville, aux rues étroites, aux maisons basses, est située dans une plaine de sable blanc.

La Société de Géographie de Paris ayant proposé un prix de 10,000 fr. pour le premier voyageur d'Europe qui reviendrait de Tombouctou, M. Caillié, né en Poitou, fils d'un boulanger et orphelin dès l'enfance, s'embarqua à quinze ans pour le Sénégal, sans fortune, sans amis et sans secours. Après dix ans d'obstacles et de traverses de tout genre, il réussit à pénétrer dans l'intérieur de l'Afrique. Malgré des fatigues et des souffrances inouïes, il parvint à Tombouctou, l'unique but de ses recherches. Plus heureux que ses prédécesseurs, il revint en France après seize ans d'absence, et reçut le prix décerné. Mais il mourut dix ans après, des suites d'une maladie qu'il avait rapportée d'Afrique.

C'est de Tombouctou et d'Aroan que les parties septentrionales et occidentales de l'Afrique obtiennent l'or, les dents d'éléphants et le sel.

Agadès, plus à l'orient, est au centre d'une oasis assez fertile. On va de ce lieu, en 45 jours de marche, chercher du sel au lac de Dombou.

Mais, excepté quelques oasis, ce vaste désert est seulement parcouru, soit par les caravanes qui le traversent, soit par des Maures, Bédouins ou pasteurs, qui se transportent d'un lieu dans un autre avec leurs familles et leurs troupeaux. Ceux de la côte font ordinairement des signaux aux vaisseaux, afin de les attirer à une perte inévitable.

A l'est de la zone septentrionale du Sahara se trouve le Fezzan, petit Etat qu'on peut regarder comme une grande oasis. Il est entouré de montagnes et renferme un peuple bien pauvre. Quoique privé de rivières, le pays produit du maïs et quelques légumes. Il y a une centaine de villes et de villages, dont Mourzouk est la capitale. En général, tous les habitants du Fezzan sont des nègres fort laids. Ils obéissent à un souverain qui se maintient dans l'indépendance de ses voisins, parce qu'il est garanti de leurs attaques par les montagnes.

Toute la partie de l'Afrique que les anciens appelèrent Nigritie et que les naturels appellent Soudan, comprend tout le bassin du Niger ou fleuve noir, et les sources du Sénégal et de la Gambie, allant à l'ouest, tandis que le Niger ou Djoliba coule vers l'est. C'est dans cette vaste étendue que se trouvent plusieurs royaumes nègres, enrichis par un très-ancien commerce : telles sont les villes de Tombouctou, Ségo et Haoussa. Nos explorateurs actuels ne tarderont pas à nous faire connaître la géographie exacte de ce grand pays, où tant de voyageurs intrépides ont trouvé la mort.

Chacune des parties de la côte tire son nom de ses principales productions. La *côte des graines* est très-fertile en pois et fèves, en fruits, tels que les oranges et les citrons. La *côte des dents* est ainsi appelée à cause de l'ivoire ou dents d'éléphant que les animaux de ces vastes forêts y fournissent. Le climat y est brûlant, mais plus sain que celui du Sénégal, où nous entrons maintenant.

IV.

LA SÉNÉGAMBIE.

La Sénégambie, où les Français ont quelques établissements, est en général habitée par des nègres. Ce pays est malsain et sujet à d'effroyables ouragans, mais très-fertile, sauf dans quelques déserts.

Le climat est si chaud, qu'au mois de janvier la chaleur surpasse celle de l'Italie au mois d'avril ; et plus on avance, plus on la trouve insupportable.

Du côté de la mer, le calme est ordinairement si profond, qu'on n'y ressent pas le moindre souffle; les bois arrêtent aussi le mouvement de l'air du côté des terres; aussi les hommes et les animaux ne peuvent-ils respirer, surtout le long de la côte, dans la basse marée; car la réverbération du sable y écorche le visage et brûle jusqu'à la semelle des souliers.

Le Sénégal est souvent ravagé par des nuées de ces sauterelles dont il est parlé dans les dix plaies d'Egypte. Elles sortent ordinairement de la Tartarie, de l'Arabie ou du Sahara, et viennent porter la désolation et la misère jusqu'en Europe. Heureusement ces insectes redoutables rencontrent de puissants obstacles; un vent violent, une pluie d'orage, peuvent en détruire des millions en un instant; les renards, les oiseaux et les grenouilles en dévorent une grande quantité.

Pour donner une idée de l'invasion formidable de ces sauterelles, le *Moniteur* cite ce fait : « Le 19 novembre 1864, le bateau à vapeur *l'Archimède*, mouillé dans le fleuve, a eu devant lui le spectacle le plus extraordinaire. Un nuage de sauterelles, suivant de l'ouest à l'est la rive gauche du Sénégal, et rasant la terre, cachait complétement tout le pays comme un rideau épais. Les sauterelles volaient avec la vitesse de six kilomètres à l'heure; elles passèrent depuis le matin jusqu'au coucher du soleil, ce qui suppose déjà une colonne d'une quinzaine de lieues de longueur; mais comme, au coucher du soleil, le nuage qu'on voyait encore dans l'ouest était infiniment plus fort que dans la journée, on doit conclure que ce qui avait passé n'était qu'une faible avant-garde. »

C'est sur les bords du Sénégal qu'on trouva aussi un fameux baobab de 104 pieds de circonférence. La hauteur de son tronc n'excédait pas 30 pieds; mais ses principales branches s'étendaient à plus de 50 pieds autour de l'arbre, et leurs extrémités retombaient jusqu'à terre. Le temps avait creusé dans le tronc une caverne de 20 pieds de diamètre, dont les nègres avaient façonné l'intérieur. Un autre baobab marquait par ses couches qu'il devait avoir au moins 4,000 ans.

Un autre arbre singulier, et qui offre aux nègres de grandes ressources, c'est le palmier, dont on connaît plusieurs espèces, comme le dattier et le cocotier. Les feuilles de ce dernier, larges d'un mètre et longues de 5 à 6 mètres, servent à faire des paniers, des nattes et des tapis. La séve, obtenue par incision, fermente rapidement et donne au bout de quelques heures une liqueur agréable, qui a la couleur et la consistance des vins d'Espagne. La pulpe du coco est une excellente nourriture; les coques servent à faire des vases de toutes sortes; et avec la filasse du brou on fabrique des cordages.

Les huttes des habitants sont de paille, mais plus ou moins commodes, suivant l'industrie du possesseur. La forme en est ronde. Elles n'ont pour porte qu'un trou fort bas, comme la gueule d'un four, de sorte qu'ils ne peuvent y entrer qu'en rampant. Comme elles n'ont pas d'autre ouverture pour recevoir la lumière, et que le feu qu'on y entretient répand une épaisse fumée, il n'y a au monde que des nègres qui puissent les habiter, surtout à cause de la chaleur, qui vient également de la voûte et d'un fond de sable brûlé qui en fait le plancher.

Bruce, célèbre voyageur écossais, fut témoin, dans un village de Foulahs, d'une cérémonie funèbre qui l'étonna beaucoup. Un des principaux habitants du village mourut subitement, et sa femme n'eut pas plus tôt mis la tête à sa porte pour donner avis de sa perte par un cri, qu'il s'éleva un tumulte surprenant dans toute l'habitation. On n'entendit de toutes parts que des gémissements. Les femmes accoururent en foule, et, sans savoir de quoi il était question, commencèrent à s'arracher les cheveux, comme si chacune eût perdu sa famille. Ensuite, lorsqu'elles eurent appris le nom du mort, elles se précipitèrent vers sa maison avec des hurlements qui n'auraient pas permis d'entendre le tonnerre. Pendant ce temps, on mit le mort sur son lit avec ses armes, tandis que les enfants et la mère tuaient ses bœufs et vendaient ses marchandises pour de l'eau-de-vie; car, dans cette occasion, c'est l'usage de faire un *folgar*, une fête, après l'enterrement : usage infâme qu'on retrouve dans quelques cantons de France.

Les établissements européens sur le Sénégal ont quelquefois pris le nom d'Afrique française, soit parce que les Français sont les premiers qui l'aient connu, soit parce que la France a, depuis 500 ans, des possessions sur cette côte. Les Portugais se font honneur des premières découvertes en Afrique; mais, longtemps avant eux, dès l'an 1364, les Normands avaient découvert la Guinée; et, avant la fin du XIVe siècle,

la baie de *Sierra-Leone*, *Rufisque*, près Go-
rée, et *Toubahé* avaient des comptoirs qui
portaient les noms de petit Dieppe et petit
Paris.

Cette contrée prend son nom du grand
fleuve qui y coule. C'est proprement la partie de l'Afrique arrosée par les fleuves Sénégal et Gambie.

A cinq lieues de l'embouchure du Sénégal, on trouve l'île Saint-Louis, chef-lieu
des établissements français. On y voit quelques jardins assez beaux dans la saison des
pluies; mais, en général, son sol bas, plat
et aride, n'est pas propre à la culture. Cette
île sépare le fleuve en deux bras. Son aspect du côté de la mer est très-agréable, et
annonce une végétation et une culture soi-
gnées. En approchant de l'île, on reconnaît
que c'est une illusion causée par la proximité

des bois qui bordent la rive gauche du fleuve, et qui, dans la perspective, se confondent avec le sol de l'île et semblent lui appartenir.

Le climat de ce pays, généralement malsain, est beaucoup moins redoutable depuis décembre jusqu'en mai, époque où les eaux du fleuve sont basses. Le reste de l'année, les débordements du fleuve causent des maladies. Le Sénégal est navigable depuis son embouchure jusqu'à la cataracte de Félow, à plus de 200 lieues, dans le pays de Galam. Cette cataracte barre le fleuve dans toute sa largeur, et occasionne une chute de 80 pieds de hauteur, dont le bruit, augmenté dans la saison des pluies par la violence et l'affluence des eaux, se fait entendre à une distance de 10 lieues.

L'Europe doit aux Hollandais la connaissance de la gomme du Sénégal, qu'ils y apportèrent dans le commencement du XVI⁰ siècle. Jusque-là on ne connaissait que celle d'Arabie, apportée de l'Egypte par Marseille; mais ce sont les Français qui, au milieu du dernier siècle, étant devenus maîtres d'Arguin et de Portendick, connurent bientôt les forêts de gommiers situées dans les parties méridionales du Sahara ou grand désert. Chez les Maures voisins du Sénégal, le transport de cette denrée devenait facile par le fleuve, et les essais qu'on fit de cette matière prouvèrent qu'elle pouvait au moins soutenir la concurrence avec la gomme d'Arabie. Enfin, des négociants de Bordeaux et de Nantes en apportèrent, qui fut jugée supérieure à toutes celles de l'O-rient et à celle de l'Arabie. Depuis plus de cent ans elle est la plus recherchée dans les arts, et c'est à elle qu'on doit attribuer la prospérité de nos fabriques de soieries et de toiles peintes qui se sont multipliées, et qui employaient tant de bras vers la fin de la monarchie française.

Le mil et le riz sont la principale nourriture du pays. Les habitants en forment ce qu'ils appellent le *sanglé* et le *couscous*. Le premier est la farine de mil délayée et cuite dans l'eau, avec le fruit du tamarinier blanc, appelé *pain de singe ;* le second est cuit à la vapeur du bouillon de viande ou de poisson.

Les mœurs des habitants sont aujourd'hui trop européennes pour que nous ayons à nous étendre sur cet objet. Ce serait prendre une très-fausse opinion de celles des nègres que d'en juger par la conduite de ceux qui sont à l'île Saint-Louis ; ils sont en général mahométans ; tous les blancs sont chrétiens.

V.

LA GUINÉE.

Au sud du Sénégal se trouve la Guinée. La côte des Esclaves comprend plusieurs petits royaumes, dont celui de Juida est le plus important.

Tous les Européens qui ont fait le voyage de Juida conviennent que c'est une des plus délicieuses contrées de l'univers. Les arbres y sont d'une grandeur et d'une beauté admirables, sans être masqués, comme dans les autres parties de la Guinée, par des buissons et de mauvaises plantes.

La verdure des campagnes, qui ne sont divisées que par des bosquets ou par des sentiers fort agréables, et la multitude des villages qui se présentent dans un si bel espace, forment la plus charmante perspective qu'on puisse imaginer. Il n'y a ni montagnes ni collines qui arrêtent la vue; tout le pays s'élève doucement jusqu'à trente ou quarante milles de la côte, comme un large et magnifique amphithéâtre, d'où les yeux se promènent jusqu'à la mer.

A ceux qui viennent de la mer, cette contrée présente un spectacle charmant. C'est un mélange de petits bois et de grands arbres; ce sont des groupes de bananiers, de figuiers, d'orangers, au travers desquels on découvre les toits d'un nombre infini de villages, dont les maisons, couvertes de paille et couronnées de cannes, forment un très-beau paysage.

Les nègres de Juida, bien différents des autres peuples de Guinée, n'abandonnent que les terres entièrement stériles ; tout est cultivé, semé, planté, jusqu'aux enclos de leurs villages et de leurs maisons. Leur activité va si loin, que, le jour de leur moisson, ils recommencent à semer, sans laisser à la terre un moment de repos. Aussi leur terroir est-il si fertile, qu'il produit deux ou trois moissons dans l'année. Les pois succèdent au riz; le millet vient après les pois, le maïs après le millet, les patates et les ignames après le maïs. Les bords des fossés, des haies et des enclos, sont plantés de melons et de légumes; il ne reste pas un pouce de terre en friche.

Les habitants naturels de cette contrée sont généralement de haute taille, bien faits et robustes. Avec peu de lumières, ils sont pourtant très-civilisés et très-polis.

Les devoirs mutuels de la civilité sont si bien établis entre eux, et leur respect va si loin pour leurs supérieurs, que, dans les visites qu'ils leur rendent, ou dans une simple rencontre, l'inférieur se jette à genoux, baise trois fois la terre en frappant des mains, souhaite le bonjour à celui qu'il se croit obligé d'honorer, et le félicite sur sa santé ou sur d'autres avantages dont il le voit jouir. D'un autre côté, le supérieur, sans changer de posture, fait une réponse obligeante, bat doucement des mains, et souhaite aussi le bonheur. Les enfants ne sont pas moins respectueux pour leur père et les femmes pour leur mari ; ils ne leur présentent et ne reçoivent rien d'eux sans se mettre à genoux, et sans employer les deux mains, ce qui passe encore pour une plus grande marque de soumission. Enfin les distinctions de rang et les gradations de respect sont aussi bien observées entre les nègres de Juida que dans aucun autre endroit du monde : ils sont en cela bien différents de ceux de la Côte-d'Or, qui vivent ensemble comme des brutes, sans aucune idée de bienséance et de politesse.

L'application extraordinaire que les nègres de Juida apportent au commerce et à l'agriculture n'empêche pas qu'ils n'aient une grande passion pour le jeu. Ils risquent volontiers tout ce qu'ils possèdent, et, après avoir perdu leur argent et leurs marchandises, ils sont capables de jouer leurs femmes, leurs enfants, et de finir par se jouer eux-mêmes.

Avec autant de passion pour le jeu que les Chinois, ils se dispensent de les imiter sur un seul point : c'est qu'au lieu de se pendre après avoir tout perdu, ils jouent leur propre corps, et sont vendus par celui que la fortune favorise.

Les femmes de ce pays se plaisent à porter autour de leur ceinture quantité d'instruments de cuivre, d'étain, et surtout des clefs, ainsi que plusieurs bourses de différentes grandeurs, remplies de bijoux ou du moins de bagatelles qui en ont l'apparence, pour se faire une réputation de richesses, surtout aux yeux des Européens. Leurs jambes et leurs bras sont moins ornés que chargés de bracelets, de chaînes et d'une infinité de bijoux de cuivre, d'étain et d'ivoire. Le P. Loyer en vit plusieurs qui portaient jusqu'à dix livres en quincaillerie, plus fatiguées, dit-il, sous le poids de leurs ornements que les criminels de l'Europe sous celui de leurs chaînes. C'est bien l'occasion de dire : Vanité des vanités, tout n'est que vanité !

Le palais du roi est une longue suite de huttes en planches, et son trône, une estrade d'argile de la hauteur de deux pieds, environnée de vieux rideaux sales, qui ne se tirent jamais, parce que le monarque n'accorde pas à ses cabouchirs l'honneur de le voir au visage. Sa tête est couverte d'un calicot fort grossier, et pour habit il porte une robe de damas rouge. Il a bonne provision de casaques, de manteaux de drap d'or et d'argent, de soie et d'autres étoffes à fleurs de différentes couleurs, dont il prend plaisir à faire admirer le nombre et la variété. Mais de toute sa vie il n'a porté ni chemise, ni bas, ni souliers. Et cependant il se croit un dieu. Un puits profond sert de sépulcre à ce chef, qui doit, disent les habitants, revenir régner sur eux au bout de dix ans; ils précipitent sur son corps une foule de personnes, surtout ses favoris.

Le Congo est l'Etat le plus important de la Guinée méridionale. Le sol est très-fertile; mais la civilisation et l'agriculture y sont presque nulles. Le climat est brûlant sur les côtes et dans les plaines; à l'est, s'élèvent des montagnes où se trouve la farouche tribu des Giagas, et d'où sortent beaucoup de rivières, dont la principale est le Zaïre.

Cette fameuse rivière tire, dit-on, ses eaux du lac de Zambré. On y voit des monstres, entre lesquels, d'après le missionnaire Mérolla, il s'en trouve un de figure humaine, auquel il ne manque que le langage et la raison. Le P. François, de Paris, missionnaire capucin, qui faisait sa résidence dans le pays de Matomba, rejetait toutes ces histoires de monstres comme autant de fictions de nègres; mais la reine Zinga, informée de ses doutes, l'invita un jour à la pêche. A peine eut-on jeté les filets, qu'on découvrit sur la surface de l'eau trois de ces poissons monstrueux. Il fut impossible d'en prendre plus d'un. La couleur de sa peau était noire; ses cheveux longs comme ceux d'une femme. Il ne vécut que vingt-quatre heures hors de l'eau; et dans cet intervalle, il refusa toute sorte de nourriture. Si cette espèce de monstre existe, c'est celle qui a servi de fondement aux contes arabes sur ce qu'ils appellent l'*homme de la mer*.

Il y a peu de régions aussi peuplées que le royaume de Congo. Les habitants sont communément noirs, quoiqu'il s'en trouve un grand nombre de couleur olivâtre. Leur taille est moyenne, et, sauf la couleur, ils ont beaucoup de ressemblance avec les Portugais ; leurs lèvres ne sont pas grosses et pendantes comme celles des Nubiens et des autres nègres.

Les Diagas, qui habitent les montagnes, ont une figure fort noire et difforme, le corps grand et l'air audacieux ; ils ont l'usage de se tracer des lignes sur les joues avec un fer chaud. Ils s'accoutument aussi à ne montrer que le blanc des yeux en baissant la paupière, ce qui achève de les rendre très-horribles. Ils vivent errants dans les forêts comme les Arabes. Leur férocité les porte à ravager les pays voisins, et au commencement de l'attaque ils poussent des cris affreux, pour inspirer la frayeur à l'ennemi. Ils ne trouvent de satisfaction que dans les pays où les palmiers croissent abondamment, parce qu'ils sont passionnés pour le vin et le fruit de cet arbre. Pour tirer le vin des palmiers, ils ont la mauvaise méthode d'abattre l'arbre par la racine. Ils en viennent ainsi à ruiner le pays ; après quoi, ils avancent toujours, vivant de rapine et harcelant les habitants qui s'opposent à leur passage.

Chez les Anzikos (nord-est de la Guinée), la chair humaine se vend comme celle du bœuf dans nos boucheries de l'Europe, car ils mangent tous les esclaves qu'ils prennent à la guerre. Ils tuent même leurs propres esclaves lorsqu'ils les jugent assez gras, ou, s'ils trouvent cette voie moins avantageuse, ils les vendent pour la boucherie publique. Lorsqu'ils sont fatigués de la vie, ou quelquefois pour montrer seulement le mépris qu'ils en font, ils s'offrent avec leurs esclaves pour être dévorés par leurs princes. On trouve d'autres nations qui se nourrissent de la chair des étrangers, mais on ne connaît que les Anzikos qui se mangent les uns les autres.

VI.

COTE SUD-EST.

Cette côte, dont une portion considérable porte le nom de *Cafrerie mélangée*, s'étend depuis l'embouchure de la Manica, au nord de la pointe Natal, jusqu'au cap Guardafui, le plus oriental de l'Afrique.

L'extrémité méridionale de cette côte, depuis la pointe Natal jusqu'au cap des Aiguilles, est stérile, déserte, et sans aucun port ; mais depuis l'ouverture du canal Mozambique, la côte appartient aux royaumes d'Inhambane, de Sofala et de Monomotapa. Elle prend le nom de Zanguebar au 10° de latitude méridionale jusqu'à l'équateur, où elle prend celui de côte d'Ajan.

La pointe et la baie de Natal ne sont guère connues que de nom. Une autre pointe au nord s'appelle *Pointe des fumées*. A 50 lieues au nord, on trouve l'embouchure de la Manica, dont la source est à 150 lieues, dans un royaume de même nom. C'est une des plus considérables rivières de la côte, mais ses rives sont peu habitées et presque incultes ; cependant le terrain en est bon, et il donne, dans plusieurs endroits, du blé et des pâturages excellents.

Au nord de la Manica, se trouvé la rivière de l'*Or*, qui a son embouchure au cap des Courants. A 50 lieues de là se trouve le cap de Saint-Sébastien, dans le royaume de Sofala, où coule une rivière de ce nom. La côte prolongée au nord appartient au Monomotapa. Elle n'a rien d'intéressant jusqu'au port de Mozambique, ville fortifiée et lieu de relâche pour les navires qui vont aux Indes.

Deux ports sont fréquentés sur la rive africaine du détroit dans le royaume d'Adel : ce sont ceux de Barbora, ville très-commerçante, à l'ancienne embouchure de la Houache, et de Zeila, ville plus considérable, à l'embouchure d'une grande rivière de même nom.

Ce que nous pouvons dire des parties intérieures de l'Afrique méridionale tient surtout aux différents royaumes nègres, maures et arabes, aux territoires desquels appartiennent les villes et les ports de la côte.

Le plus méridional des Etats dont on puisse affirmer quelque chose est celui d'Inhambane, où coule la Manica et qui a *Tongue* pour capitale.

Plus au nord, le royaume de Sofala présente beaucoup d'or et d'ivoire. Les travaux minéralogiques dont on voit les traces dans ses montagnes, prouvent que ses mines ont été connues dès l'antiquité ; et plusieurs ont pensé que cet endroit de la côte pouvait être l'*Ophir*, si célèbre chez les Juifs par les flottes que Salomon y envoyait.

Tous ces royaumes paraissent démembrés du Monomotapa, ou du moins ils ont été confondus sous ce nom. Quoi qu'il en soit, le Monomotapa propre est encore le plus puissant de ces Etats. Il possède de riches mines d'or, qui excitèrent beaucoup l'avidité des Portugais. Le Zambèze, qui coule dans cet État, roule beaucoup d'or, et c'est une grande rivière. Les nègres de cet empire sont très-noirs, bien faits et vaillants.

Le prince de Mauruca est un des plus respectés de la côte de Zanguebar. Sa résidence est vis-à-vis l'île de Mozambique, et il domine jusqu'à l'embouchure de la Manica.

Au nord, en tirant sur la côte d'Ajan, on trouve des Bédouins, et on entre dans le royaume d'Adel.

Ce royaume s'étend vers l'Abyssinie, dont il dépendait autrefois. Tout le terroir est fertile en blé, orge, et bons pâturages ; aussi les troupeaux d'Adel sont très-nombreux. Les forêts nombreuses recèlent beaucoup d'animaux féroces, et les éléphants y sont aussi communs que dans aucune partie de l'Afrique. Les brebis de ce pays ont la tête et le cou noirs ; les vaches y ont des cornes comme les bois des cerfs.

On y trouve aussi la myrrhe, si célèbre dans l'Ecriture. C'est une gomme résine en larmes ou en grains translucides, d'une odeur aromatique agréable, d'une saveur amère et un peu âcre, qu'on retire d'un arbre appelé *amyris*. Les Arabes la mâchent continuellement, et ils la considèrent comme un spécifique contre une foule de maladies. La myrrhe est célèbre par la suavité de son parfum depuis la plus haute antiquité; on la brûlait dans les temples et on l'employait aux embaumements; elle est au nombre des parfums que les Juifs brûlaient au nom de l'Eternel, et les Mages la présentèrent à Jésus dans la crèche de Bethléem.

A six cents kilomètres de la côte sud-est, dont la sépare le canal de Mozambique, se trouve la grande île de Madagascar. Elle jouit d'un beau climat, mais meurtrier sur bien des points pour les Européens. Son sol, très-mal cultivé, est d'une fertilité admirable et donne des produits particuliers à l'île.

Longtemps divisée en une foule de petits Etats, Madagascar, au commencement de ce siècle, est devenu à peu près un royaume unique, grâce au génie du chef Radama, qui fit sa résidence à Tananarive. Sa mort, arrivée en 1829, semble avoir commencé la dissolution de son empire naissant. On sait qu'en 1863, il y eut une insurrection qui se termina par la mort de Radama II, cerné dans son palais et étranglé par les conjurés vainqueurs.

La mer a un mouvement très-rapide dans le canal qui sépare Madagascar du continent. Cependant il est très-fréquenté par les bâtiments dans leurs voyages aux Indes.

Plusieurs grands fleuves arrosent l'île, et une grande chaîne de montagnes la partage en deux bandes, du nord au sud.

L'intérieur de ces montagnes renferme des minéraux précieux, et on y trouve des fossiles; l'extérieur présente de vastes sommets couverts de grands arbres, des coteaux et des vallons riches, presque sans culture, et par une fertilité naturelle, qui ne coûte aucune peine aux habitants. Ce sol ne demande qu'un labour ou plutôt quelques coups de pioche; la terre rejetée avec le pied couvre les semailles, et cette simple agriculture donne cent pour un de riz.

Plusieurs peuplades partagent l'île de Madagascar. On estime à quatre millions la population totale, et la proximité de l'Afrique doit faire penser que toutes ces peuplades lui doivent leur origine. Les Madegaches ou

Madecasses sont les anciens naturels; mais les races y sont tellement mélangées, qu'il est difficile de les distinguer, à l'exception de celles qui sont de véritables nègres. Il paraît que les Arabes se sont anciennement emparés de l'île et qu'ils y ont versé leurs déplorables superstitions. Les Malgaches, répandus dans toute l'île, passent à volonté d'une province à l'autre, et par là changent de chef autant qu'il leur plaît.

L'astrologie judiciaire est chez eux en grand honneur; et au rang de ses plus déplorables effets, il faut compter la coutume qu'elle a introduite de livrer aux bêtes féroces les enfants qui naissent à certains jours que les *ombrasses* (devins) ont déclarés malheureux.

Heureusement, ceux qui sont plus éclairés font élever secrètement ces enfants, qu'ils paraissent abandonner dans les forêts, et opposent des sacrifices à la malignité de l'astre qui a présidé à leur naissance.

Les blancs et les basanés, évidemment descendus des Arabes, comme on le voit par leur langage, quoique mahométans, n'ont ni temples, ni mosquées, ni culte.

Dans quelques occasions, ils font des sacrifices d'animaux; ces cérémonies, les seules religieuses qu'ils observent, ont lieu quand ils sont malades, ou qu'ils enterrent les morts; quand ils sèment ou plantent, quand ils déclarent la guerre ou qu'ils changent d'habitation. La religion juive leur a aussi transmis quelques pratiques : ils circoncisent les enfants, observent le sabbat, et ont quelque idée de la création, de la chute du premier homme, et connaissent les principaux traits de la vie de Moïse et de David.

Au centre de l'île est une nation de nains dont l'existence, révoquée d'abord en doute, paraît néanmoins certaine.

M. de Commerson, savant naturaliste, passa à Madagascar en 1769, quand M. de Modane était gouverneur du fort Dauphin. Rochon rapporte une note de lui où l'on trouve ces expressions :

« Je veux parler de ces demi-hommes de l'intérieur de la grande île de Madagascar, et qui y forment un corps de nation, sous le nom de Quimos. Le caractère de ces petits hommes est d'être blancs, ou du moins plus pâles en couleur que tous les noirs connus, et d'avoir les bras très-longs. Leur taille moyenne est d'environ trois pieds et demi. Ils sont gros et trapus et portent une longue barbe. Ils se forgent eux-mêmes leurs lances et sagaies, dont ils se servent pour se défendre contre leurs ennemis. »

Parmi les productions végétales de cette île, on distingue les arbres qui donnent la gomme élastique, et le raven, sorte de palmier, qui n'est connu qu'à Madagascar, et qui s'élève à une prodigieuse hauteur. Il y a aussi à Madagascar des animaux qu'on ne trouve que dans cette contrée ; mais on n'y voit ni lions, ni tigres, ni éléphants, ni chevaux. Ils ont aussi beaucoup d'oiseaux inconnus en Europe, d'un très-beau plumage et bons à manger.

VII.

COTES ORIENTALES.

Dans cette dénomination, nous comprenons l'Abyssinie, la Nubie et l'Egypte, c'est-à-dire la région du Nil, dont l'inondation périodique s'explique par les pluies régulières et torrentielles qui tombent chaque année dans la zone torride, où ce fleuve prend sa source, et surtout en Abyssinie, où l'on trouve les végétaux et les animaux des zones tropicales, et aussi, à cause des nombreuses montagnes, ceux des zones tempérées. Le seul commerce de l'Abyssinie consiste dans l'exportation de l'ivoire et de la poudre d'or. Elle formait jadis un Etat puissant, mais aujourd'hui elle est bouleversée par la guerre civile.

Au nord se trouve la Nubie, qui n'est qu'un vaste désert, dont les habitants sont craints à cause de leur férocité. Les voyageurs européeus n'ont guère visité ce pays que pour se rendre en Abyssinie.

Le Nil, qui entre en Nubie au sortir de l'Abyssinie, y arrose d'abord le pays appelé Sennaar; puis il se jette à l'ouest, en décrivant un arc assez grand, entre deux chaînes de montagnes qui le conduisent vers *Eçouan*.

Un petit fleuve, appelé Rahad, sépare l'Abyssinie de la Nubie, et forme avec l'Atbara, qui coule plus à l'est, une espèce d'île d'un terrain absolument sec.

Quelques tribus d'Arabes sont distribuées dans le pays. Les habitants entretiennent des puits profonds qui leur fournissent de l'eau, et font manger à leurs troupeaux le peu d'herbe que fournit la terre.

Les terres grasses de la Nubie et de l'Abyssinie sont, dès que les pluies commencent, incommodées de la piqûre d'une mouche qui tourmente les hommes et les animaux, au point de leur ôter la vie. Les animaux prennent l'épouvante dès qu'elle s'annonce par son bourdonnement. Les Arabes, et en général tous les pasteurs, emmènent aussitôt leurs troupeaux dans l'Atbara, partie du désert où la mouche ne reste pas. Elle est armée de trois aiguillons, qui percent la peau même de l'éléphant.

Dans la même contrée, se trouvent les Nubas, dont est sans doute venu le nom de Nubie. Ce sont des nègres fort doux, ayant de petits traits, les cheveux laineux, le nez aplati, parlant un langage doux et sonore, et totalement différent de celui de leurs voisins.

Sennaar, sur le Nil, est dans la partie du pays qui en forme le sud-ouest. C'est une ville assez étendue, mais assez mal bâtie. Le vaste palais du roi n'est même construit que d'argile, et n'a qu'un étage ; les chambres de ce qu'on peut appeler le rez-de-chaussée sont plus basses que le sol. La salle d'audience est carrelée et garnie d'un tapis de Perse ; mais le prince est habillé très-pauvrement.

A l'ouest de l'Egypte et de la Nubie, sont dispersées des espèces d'îles habitées et cultivées, que nous désignons, à l'exemple des anciens, par le nom d'*Oasis*, ce qui signifie, dans la langue des Egyptiens, des cantons habités, environnés entièrement de grands déserts, et semblables à des îles de la mer.

La grande Oasis paraît être formée d'un certain nombre de sites fertiles et isolés, ou espèces d'îles qui s'étendent dans une ligne parallèle au Nil et aux montagnes qui bordent à l'ouest la vallée de l'Egypte. Ces îles de terre ferme sont séparées les unes des autres par des déserts de douze à quatorze heures de chemin, de manière que toute l'étendue de cette Oasis paraît bien être d'à peu près trente-quatre lieues, dont la plus grande partie est un désert.

On y voit beaucoup de jardins arrosés par des ruisseaux, et des forêts de palmiers y conservent une verdure perpétuelle. Elle sert

de lieu de rafraîchissement pour les caravanes, et se trouve sur la route d'Egypte à
l'Abyssinie et au Darfour.

Dans le cours du ve siècle, Nestorius,
évêque de Constantinople, fut exilé dans la
grande Oasis ; et dans le même temps une
tribu éthiopienne pilla cette Oasis, dans
laquelle d'ailleurs elle faisait de fréquentes
excursions.

Brown, qui la traversa en allant au Darfour, y trouva non pas la ville d'Ibis, citée
par les auteurs et qui n'existe plus, mais
celle de Boulaq, environnée par le Nil : c'est
là que s'arrêtent les vaisseaux venant de la
Nubie.

La petite Oasis, plus septentrionale, ne se
trouvant pas sur une route fréquentée, est
moins connue que la précédente. On y trouve
beaucoup de palmiers, qui fournissent les

meilleures dattes qui se mangent en Egypte. Les Arabes qui possèdent et cultivent ce canton, tirent leur eau des puits creusés dans le désert, avec beaucoup de peine et d'industrie.

L'ancienne oasis d'Hammon est connue aujourd'hui sous le nom de Syouah. Selon le récit fait à Alexandrie par des Arabes de ce pays, on compte quatorze journés de marche d'Alexandrie à Syouah. Pendant les dix premiers jours, on rencontre de la verdure et des puits assez abondants pour satisfaire aux besoins des caravanes. Le onzième jour, on arrive à un désert sans eau, et l'on aperçoit seulement quelques lièvres, des gazelles, des buffles et des autruches. Le sol de ce désert est pierreux et parsemé, à de certaines distances, de monceaux de cailloux pour indiquer la route. Le quatorzième jour, on se repose des fatigues d'une route aussi pénible, en arrivant au milieu d'un canton fertile et arrosé d'un grand nombre de canaux. Là, les habitants, au nombre de deux mille, habitent ensemble dans une vaste maison. Une muraille fort élevée leur sert de rempart contre les incursions des Arabes.

Là, le pauvre a la liberté d'entrer dans le champ du riche et de s'y rassasier de fruits, à la seule condition de ne rien emporter.

Pour la conservation intègre de la liberté, il est défendu à tout habitant d'entretenir aucune correspondance avec les étrangers; et si quelqu'un reçoit une lettre, il doit la déposer à l'instant entre les mains des anciens, qui lui gardent le secret si la lettre traite d'une affaire personnelle et particulière; et l'on visite avec soin les caravanes qui passent dans le pays, pour voir si, sous prétexte de voyage, il ne s'y rencontre pas quelque étranger suspect.

Les environs de la ville, formant une étendue de six à huit lieues, sont remplis de dattiers. Le terrain y produit de plus tous les fruits de l'Europe, la pomme, la poire, la pêche, la prune et le raisin. Le blé y réussit, mais les légumes y sont inconnus; et les olives y sont d'une remarquable grosseur.

Une fontaine jaillissante suffit à leurs besoins et fournit à l'arrosement des plantations. Cet arrosement est réglé, et chaque jour il se fait une nouvelle distribution des eaux sous les yeux et par les ordres des chefs. Quelques sources d'eau chaude leur offrent des bains, auxquels ils paraissent attacher des propriétés médicinales.

Malheureusement, les habitants sont sujets à des fièvres qui reviennent régulièrement chaque année dans la saison des fruits. Cette fièvre est également mortelle pour les étrangers. Peut-être serait-il possible de s'en garantir par un régime combiné d'après les principes d'une hygiène savante ; mais cés pauvres peuples n'ont pas encore trouvé ce moyen.

C'est là que furent autrefois le temple et l'oracle de Jupiter Ammon.

On prenait, à l'ouest du Delta, la vallée de Natron pour entrer dans le désert. On passait ensuite à Mahadje, ou la halte des pèlerins ; puis à Moquarrah, espèce d'abreuvoir pour les bêtes de somme.

On trouve sur la route qui s'enfonce dans le désert une chaîne de montagnes qui reste au nord, et que l'on suit au sud. Le plateau est une plaine de sel d'une étendue considérable. Cependant, au milieu de cette plaine on trouve une source, mais elle participe tellement à la qualité du terrain, qu'elle n'est pas potable. Dans le pays que l'on parcourt en faisant cette route, on trouve du bois pétrifié de différentes formes et de différentes grosseurs. Ce sont tantôt des troncs d'arbres entiers, tantôt de simples branches ou des morceaux d'écorce.

Le lieu le plus remarquable que l'on trouve au delà du terrain salé, est un village situé dans une plaine sablonneuse, entre deux branches divergentes de montagnes. La vallée qui forme leur séparation offre de grandes masses de rocs isolés. Le village, qui est bâti sur la plus grande masse, renferme peu d'habitants. Les maisons y sont basses, construites de pierres jointes avec une espèce de terre calcaire, et couvertes de branches de dattiers. Les habitants, très-pauvres, n'ont d'autres moyens de subsistance que leurs dattes, dont ils vendent une partie aux Arabes du désert. Ils en font aussi des chargements pour Alexandrie, où ils les échangent pour du blé, de l'huile ou de la graisse.

De là, il y avait encore vingt heures de marche pour arriver au temple de Jupiter Ammon, dont on voit encore des ruines, qui présentent les traces non équivoques d'une haute antiquité.

Nous dirons peu de chose de l'Egypte, le pays le plus connu de toute l'Afrique. Le Nil, qui est le seul fleuve du pays, coule dans une étroite vallée limitée à l'est par la chaîne arabique, et à l'ouest par la chaîne libyque. Le climat de l'Egypte est très-chaud, et il n'y pleut jamais. L'air y est extrêmement sec; le vent du désert et les fièvres y exercent de très-grands ravages. Le sol de l'Egypte n'est fertile que dans la vallée du Nil, car le reste n'est qu'un vaste désert de sable. La fertilité de la vallée elle-même dépend de l'inondation régulière du fleuve, qui a lieu chaque année entre juin et septembre, par suite des pluies régulières et torrentielles qui tombent dans la zone torride.

Depuis longtemps, Alexandrie est l'entrepôt de toutes les denrées de l'Afrique centrale, de l'Arabie et de l'Inde. Le nom de cette ville, qui rappelle le génie d'un homme si étonnant; le nom du pays, qui tient à tant de faits et d'idées ; l'aspect du lieu, qui présente un tableau si pittoresque ; ces palmiers qui s'élèvent en parasol, ces maisons à terrasses, dépourvues de toit, ces flèches grêles de minarets qui portent une balustrade dans les airs, tout avertit le voyageur européen qu'il est dans un autre monde.

Descend-il à terre, une foule d'objets inconnus l'assaillent de tous côtés et par tous ses sens : c'est une langue dont les sons barbares effraient son oreille, ce sont des habillements d'une forme bizarre, des figures d'un caractère étrange.

Au lieu de nos visages nus, de nos têtes enflées de cheveux, de nos coiffures triangulaires et de nos habits courts et serrés, il regarde avec surprise ces visages brûlés, armés de barbe et de moustaches, cet amas d'étoffes roulées en plis sur une tête rase ; ce long vêtement qui, tombant du cou aux talons, voile le corps plutôt qu'il ne l'habille.

Mais un spectacle qui attire bientôt toute son attention, ce sont les vastes ruines qu'il aperçoit du côté de la terre. Pendant deux heures de marche, on suit une double ligne de murs et de tours qui formaient l'enceinte de l'ancienne Alexandrie. La terre est couverte des débris de leurs sommets ; des pans entiers sont écroulés, les voûtes enfoncées, les créneaux dégradés, et les pierres rongées ou défigurées par le salpêtre.

Une autre merveille de l'Egypte, ce sont les pyramides. La main du temps et plus encore celle des hommes, qui ont ravagé tous les monuments de l'antiquité, n'ont rien pu jusqu'ici contre les pyramides. La solidité de leur construction et l'énormité de leur masse les ont garanties de toute atteinte et semblent leur assurer une durée éternelle. Les voyageurs en parlent tous avec enthousiasme.

On commence à voir ces montagnes factices dix lieues avant d'y arriver ; elles semblent s'éloigner à mesure qu'on s'en approche. On est encore à une lieue, et déjà elles dominent tellement sur la terre, qu'on croît être à leur pied ; enfin l'on y touche, et rien ne peut exprimer la variété des sensations qu'on y éprouve ; la hauteur de leur sommet, la rapidité de leur pente, l'ampleur de leur surface, le poids de leur assiette, la mémoire des temps qu'elles rappellent, le calcul du travail qu'elles ont coûté, l'idée que ces immenses roches sont l'ouvrage de l'homme, si petit et si faible, qui rampe à leurs pieds, tout saisit à la fois le cœur et l'esprit d'étonnement, de terreur, d'humiliation et de respect.

S'il était possible que quelqu'un ignorât quelle est la forme du monument que l'on nomme pyramide, on lui en donnerait une idée en lui disant, avec Volney, de considérer de loin l'hôtel des Invalides, à Paris, et de supposer que de toute la largeur du bâti-ment s'élèvent deux côtés inclinés l'un vers l'autre jusqu'au sommet du dôme, avec cette différence que les grandes pyramides sont au moins d'un tiers plus hautes.

On aurait tort de croire qu'il n'y a de pyra-mides en Egypte qu'en un seul lieu. Il est vrai que celles qui s'aperçoivent d'abord sont celles dont les voyageurs parlent le plus ordinairement ; elles sont près de Gizeh, à l'ouest. D'autres plus au sud, près de Sakara, sont près de l'emplacement qu'occupait au-trefois Memphis. On y en compte neuf, et de plus huit petites dont on néglige ordinaire-ment de parler.

Quoique la hauteur des pyramides de Gizeh soit considérable, puisqu'il y en a qui s'élèvent à plus de cent mètres, l'idée de cette élévation est encore augmentée par leur situation, pour le spectateur qui les aperçoit des bords du Nil. Elles sont placées sur un plateau fort élevé, qui tient aux montagnes de la Libye.

La plupart de ceux qui ont parlé des pyramides les ont indiquées comme ayant été destinées à recevoir les cendres de quelques souverains, dont elles étaient les magnifiques tombeaux. Leur nombre même est une raison de plus pour le croire ; cependant le docteur Shaw et le savant Langlès pensent qu'elles ont eu primitivement une autre destination et qu'elles avaient été élevées en l'honneur du soleil, sous le nom d'Osiris.

L'aspect de l'Egypte est admirable sous un rapport, et déplorable sous un autre.

Tout ce que la nature tranquille peut offrir de majesté dans un horizon immense se présente aux regards.

Du côté de la mer, le terrain est égal et bas. On remonte le fleuve par une pente si douce, que l'eau ne parcourt pas une lieue à l'heure, et l'on trouve une plaine sans bornes, dont les débordements du Nil font tantôt une mer d'eau douce, tantôt un vaste terrain fangeux.

Le tableau de la campagne est d'une uniformité qui fatigue l'œil et menace d'ennui dans un séjour trop paisible et trop peu animé. En avançant vers l'endroit où les deux branches du Nil se réunissent, on découvre vers l'ouest des masses isolées, et leur forme dit assez que ce sont les pyramides.

Enfin, l'on pénètre dans une vallée entre deux rangs de montagnes, dont les chaînes d'égale hauteur déterminent votre horizon pendant une route d'à peu près 150 lieues.

Il ne faut en excepter que la province de *Fayoun*, qui se trouve à l'ouest, au sud des pyramides, et où l'on remarque le village de Bouzir. Les voyageurs modernes s'accordent à y reconnaître la place de l'ancienne Busiris, dont Pline a déterminé clairement la position, et que l'on trouve d'ailleurs dans Hérodote et dans Strabon ; maintenant il n'y a rien de remarquable.

La principale occupation des habitants est de montrer les pyramides aux curieux du Caire, qui sont en grand nombre ; mais on ne trouve dans le territoire de Bouzir aucune trace de l'ancienne ville, aucun reste du fameux temple d'Isis, qui attirait beaucoup de monde. Les ruines de ce beau temple ont disparu d'une manière étonnante ; on en trouve la raison dans le voisinage du Nil et du Caire ; tous les matériaux du temple ont trouvé un emploi et un transport facile par le fleuve.

L'étendue prolongée, l'aspect aride du côté oriental et sa stérilité, doivent le faire nommer un désert. Le côté de l'ouest n'est qu'une roche couverte de sable.

Dans l'idée qu'on peut se faire de l'Egypte, il faut surtout éloigner sa pensée de ces villes florissantes, de ces campagnes animées, de ces hameaux, de ces villages qui embellissent si délicieusement nos provinces européennes.

A l'exception d'un petit nombre de villes, les bords du fleuve présentent toujours le même aspect : partout des palmiers isolés ou réunis, des villages bâtis en terre et des ruines, des tapis de verdure ou des champs sablonneux et arides, un horizon immense et chargé de vapeurs.

Cependant l'aspect de l'Egypte varie comme les saisons. Dans les mois de notre hiver, lorsque la nature, morte pour nous, semble avoir transporté la vie dans ces climats, la verdure des prairies émaillées de l'Egypte charme les yeux. Les fleurs des orangers, des citronniers et d'une foule d'arbustes odorants parfument l'air; les troupeaux se répandent dans la plaine et animent le tableau. L'Egypte ne forme alors qu'un jardin délicieux.

Dans la saison opposée, ce même pays n'offre qu'un sol fangeux, ou sec et poudreux; d'immenses champs inondés, de vastes espaces vides et sans culture, des campagnes qui n'offrent que quelques dattiers, des chameaux, des buffles conduits par de misérables paysans, nus et hâlés, hâves et décharnés; un soleil brûlant, un ciel sans nuage, des vents continuels et plus ou moins violents.

Il ne faut donc pas s'étonner si plusieurs voyageurs ont tant différé les uns des autres dans la description qu'ils nous ont donnée de ce pays.

On pourrait croire que les différents siècles ont dû aussi influer par mille circonstances sur l'état de l'Egypte.

Au viiᵉ siècle, Amrou faisait de l'Egypte la peinture suivante au calife Omar :

« O prince ! peins-toi un désert aride et une campagne magnifique, au milieu de deux montagnes qui ont la forme du ventre d'un cheval étique ou du dos d'un chameau : voilà l'Egypte ! Toutes ses richesses lui viennent d'un fleuve béni qui coule avec ma-jesté au milieu d'elle. Il y a une époque fixe où les eaux augmentent, sortent de leur lit et couvrent toute la surface de l'Egypte, pour y déposer un limon productif; puis l'eau se retire pour laisser recueillir le trésor qu'elle a caché dans le sein de la terre.

« Un peuple protégé du ciel ouvre légèrement les entrailles de la terre et y dépose des semences dont il attend la fécondité du bienfait de cet Etre qui fait croître et mûrir les moissons. A la plus abondante récolte succède tout à coup la stérilité : c'est ainsi que l'Egypte offre tour à tour l'image d'un désert poudreux, d'une plaine liquide et argentée, d'un marécage noir et limoneux, d'une prairie verte et ondoyante, d'un parterre orné de fleurs variées, et d'un guéret couvert de moissons jaunissantes. Béni soit le Créateur de tant de merveilles. »

FIN.

TABLE.

Rouen. — Imp. MÉGARD et Cᵉ, rue Saint-Hilaire, 136.

www.ingramcontent.com/pod-product-compliance
Lightning Source LLC
Chambersburg PA
CBHW051549050726
47595CB00002B/709